I0775988